AF234203

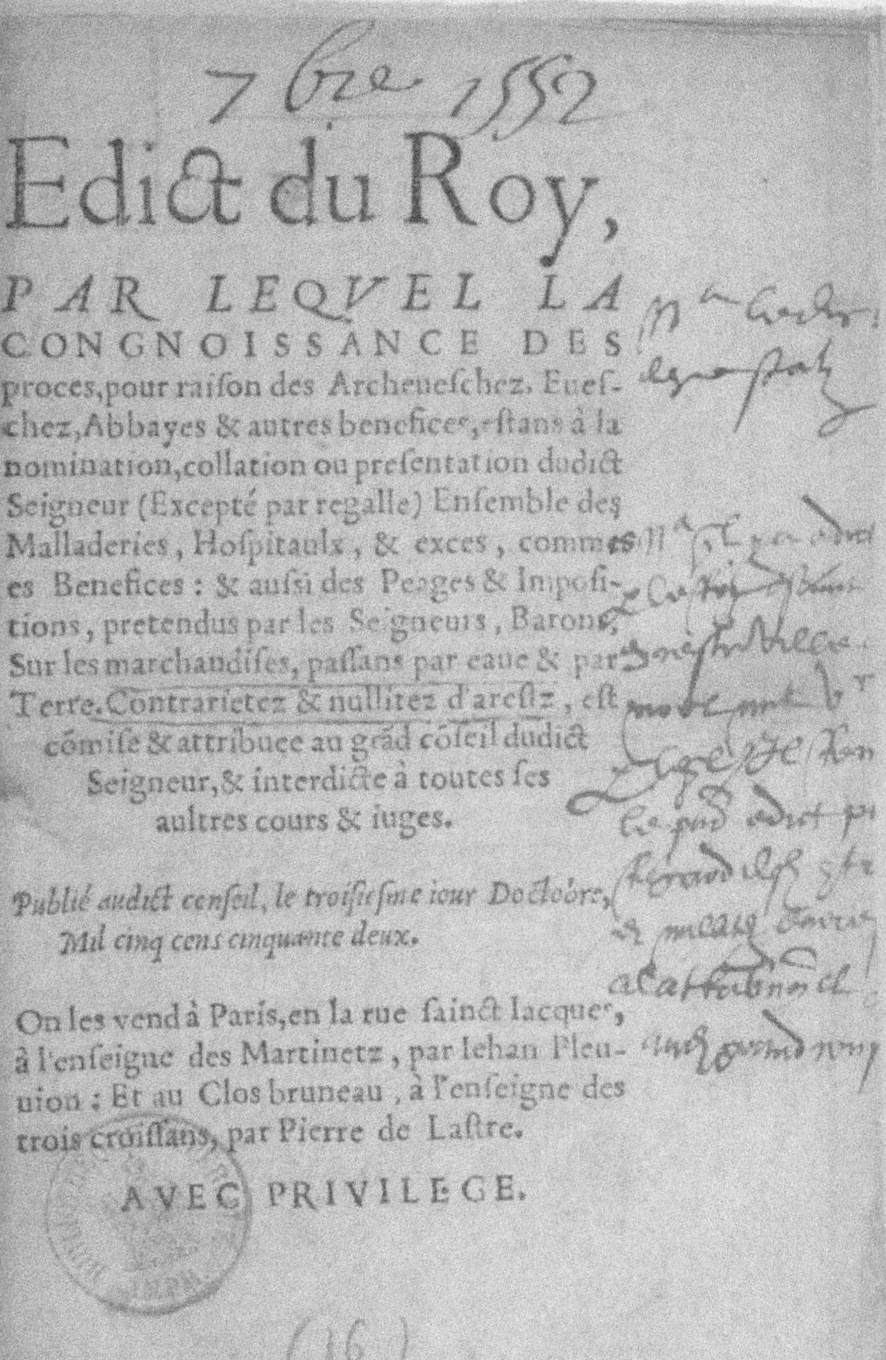

Edict du Roy,

PAR LEQVEL LA
CONGNOISSANCE DES

proces, pour raison des Archeueschez, Eueschez, Abbayes & autres benefices, estans à la
nomination, collation ou presentation dudict
Seigneur (Excepté par regalle) Ensemble des
Malladeries, Hospitaulx, & exces, commes
es Benefices : & aussi des Peages & Impositions, pretendus par les Seigneurs, Barons,
Sur les marchandises, passans par eaue & par
Terre. Contrarietez & nullitez d'arestz, est
cômise & attribuee au grãd côseil dudict
Seigneur, & interdicte à toutes ses
aultres cours & iuges.

Publié audict censeil, le troisiesme iour Doctoбre,
Mil cinq cens cinquante deux.

On les vend à Paris, en la rue sainct Iacques,
à l'enseigne des Martinetz, par Iehan Pleu-
uion : Et au Clos bruneau, à l'enseigne des
trois croissans, par Pierre de Lastre.

AVEC PRIVILEGE.

(16)

❧Extraict des REGISTRES DV

grand conseil du Roy, sur la congnoissance des proces, pour raison des
archeueschez, eueschez, abbayes &
autres benefices, estants à la nomination, collation, ou presentation dudict
Seigneur, comme plus aplain est con-
tenu.

VR la requeste, ver-
ballement faicte au
conseil, par le procu-
reur general en ice-
luy: Ad ce que les lettres d'Edict
& declaration, attributiues de iurisdiction audict conseil, & des-

quelles la teneur sera cy apres in-
seree, Feussent leues, publiees &
enregistrees es registres dudict
conseil. Et sur le reply mys ces
motz (Leues, publiees & enregistrees.) Le conseil apres lecture
& publication faicte desdictes
lettres. Ordonne qu'elles seront
enregistrees es registres dudict
conseil. Et sur le reply dicelles
mys ces motz (Leues, publiees &
enregistrees es registres dudict
conseil.) Ouy surce le procureur
general en icelles, Ce requerant.

HENRY par la grace de
Dieu roy de France. A tous
prefens & aduenir. Comme
feu noftre treshonoré Seigneur
& pere que Dieu abfolue. Con-
fiderant que de l'abreuiation des
proces, deppend vne bonne par-
tie du bien commun & public,
mefmes es proces qui pour raifon: Et à caufe des grandz benefices font intentez: lefquelz pour
obuier aux inconueniens qui fur-
uiennent de la longueur d'iceulx
doibuent fommairement & de
plain eftre vuydez. Et que les
courts fouueraines de noftre royaulme, pour la grande affluence
& multiplication des autres cau-

ſes ne pouroȳet ſi facilemēt vac-
quer n'y entendre à l'expedition
deſdictes matieres beneficialles
comme il eſt requis pour le bien
de l'egliſe & continuation du ſer
uice diuin. Auroit des le vingt-
troiſieſme Iuillet Mil cinq cens
vingtſept, Proibé & deffendu auſ
dictes courtz ſouueraines, toutes
courtz, iuriſdiction & congnoiſſance des ꝓces ou ſeroit queſtion
d'Archeueſchez, Eueſchez, Abbayes, & Prieurez electifz & con-
uentuelz. Declairāt ce qui ſeroit
faict au contraire de nul effect &
valleur. Et le. vi. iour de ſeptem-
bre audict an, Auroit attribué la
congnoiſſance en noſtre grand
conſeil, de tous leſdictz proces &
differendz, meuz & à mouuoir,

pour raison des susdictz benefices & de ladicte qualité, entre
quelque personne que ce feust,
declairant encores comme dessus
tout ce qui seroit faict p lesdictes
courtz de parlement au contraire
nul, & de nul effect & valleur.
Et d'auantaige pour les grandes
plainctes & doleances qui luy a-
uroient esté faictes, tant par les ti-
tulaires desdictz benefices que
aultres. Sur ce que par force &
violêce leursdictz benefices leur
estoient occupez, & les fruictz
d'iceulx rauiz & emportez, par
telz qu'ilz n'auoyét aucun tiltre,
mais bien souuent par formelles
intrusions les occupoiét: & apres
trouuoyent moyen d'euader la
pugnition desdictz exces, forces

& violences, & indeues occupa-
tions, par appellations ou fub-
terfuges, ou parce que la pluf-
part de iceulx à qui eftoit faict
l'iniure, n'ofoyent venir à plain-
cte, Craignant les menaffes &
oultraiges d'iceulx malfaicteurs.
A l'occafion dequoy pour o-
fter & clore cefte voye perni-
cieufe & defraifonnable, auroit noftredict feu Seigneur &
pere, par fes lettres patentes en
forme de Edict, des le dixiefme
May, Cinq cens trente & vng,
& vingtiefme de Mars, Cinq
trente & deux. Euocque à luy &
renuoye en fon dict grand côfeil,
Tous & chafcû les proces, meuz
& à mouuoir, pour raifon defdictz excez, pour & affin qu'il

feuſt aduertÿ promptement de
ceulx qui commettoient leſdictz
excez, leſquelz il entendoit toutes choſes laiſſees eſtre corigez
& pugniz. Et ſemblablement en
conſideration de ce que noſtre
grand aulmoſnier ha la ſuperin-
tendence & congnoiſſance, ſur
les Hoſpitaulx & Malladeries de
noſtre royaulme, pour veoir ſ'ilz
ſont bien & deuement entrete-
nuz, Tant en reparation d'iceulx
que conſeruation des biens meu-
bles & immeubles, qui y appar-
tiennent.

Et ſi les pauures malades & miſe
rables perſonnes affluans eſdictz
Hoſpitaulx ſont receuz & he-
bergez, ſubſtantez & nourriz
ſelon le reuenu deſdictz Hoſpi-

B

taulx. Aufsi de côtremedire lefdictz hofpitaliers & adminiftra-
teurs, de rendre compte defdictz
biens & reuenu. Auroit feu noftredict feigneur & pere, des le
treziefme iour de Iuillet, mil cinq
cens vingthuict, & vingtdeuxief
me Nouembre, mil cinq cens
trente cinq, attribue la congnoif-
fance en noftredict grand confeil
de tous les proces & differendz,
qui fe pourroyent furce fouldre
& mouuoir, parce mefmement
que lefdictz hofpitaulx & maladeries font affifes en diuers ref-
fortz & iurifdictions. Et que ex-
cefsiue defpence feroit à noftredict grand aulmofnier, de tenir
foliciteurs à toutes lefdictes iurif
dictions ou lefdictz hofpitaulx

font assis. Aussi pour obuier à di-
uersité d'arrestz & iugement qui
s'en pourroient ensuiuir sur la re-
formation d'iceulx. Et au surplus
Combien que par disposition de
droict commun, & de noz ordon
nances & Eedictz surce faictz, ne
soit loisible à aucuns seigneurs,
cappitaines, chastellains, gouuer-
neurs, ou recepueurs des cha-
steaulx, places, terres ou seigneuries, ne à aulcuns autres seigneurs
ou vassaulx enclauez es fins &
mectes de nostredict Royaulme, de quelque estat ou côdition
qu'ilz soyent pretendre d'impo-
ser, augmenter ou accroistre es-
dictes terres & seigneuries, aulcuns peages, creues subcides: Ne
aucun impost quel qu'il soit dict
B iij

nommé ou appellé sur les marchandises & denrees, quelles que
elles soyent, Passans par eaue ou
par terre, par les seigneuries &
destroictz d'icelles, s'il n'an ap-
pert par octroy de nous ou de
noz predecesseurs ou par iouys-
sance de telle, & de si long temps
qu'il ne soit memoire du com-
mencement ne du contraire.

CE NEANTMOINS au-
moyen de ce que plusieurs desdictz seigneurs, barons, vassaulx,
cappitaines & subiectz, de leur
auctorité priuee, & autrement à
tort & sans cause, Les vns de faict
& de force, Les autres par ran-
çonnement, abbuz & par intro-
duction & extorsion deraison-
nable exigeoyent peages & subcides nouueaulx. Nostredict feu
seigneur & pere, pour en auoir la
pleine & entiere congnoissance
& faire cesser lesdictes exactions,
abbuz & extorsions, promptement en auroit attribué la congnoissance en nostredict grand
conseil par autres ses lettres des le
vingthuictiesme Septembre, mil

B iij

cinq cens trente & vng, & vingthuictiesme Iuillet, mil cinq cens
trente sept: Auroit en oultre attribué à nostredict grand conseil la
congnoissance des oppositions
& appellations & aultres proces
intentez, pour raison des decimes
& soulde de cinquante mil hom-
mes de pied. Ensemble des nullitez & contrarietez d'arrestz, dõ-
nex en noz courtz souueraines.
Et d'autant que nosdictes courtz
prenoyent la congnoissance &
faisoyent proces ordinaires sur
les permissions requises en icelles
pour exploicter ou faire exploicter les arrestz & prouisions obtenues en nostre priué & grand cõ-
seil, Auroit par son l'edict du

vingtroisiesme Apuril, mil cinq
cens quarante quatre . Ordonne
que lesdictes prouisions seroyent
executees, sans demander aucune
permission ne pareatis. Tous les=
quelz Eedictz susdictz , auroient
estez par long temps gardez &
obseruez , & iusques ad ce que
par diuerses poursuites & impe-
trations , par importunité sup-
prinse ou autrement obtenues, le
cours & obseruation de iceulx
Eedictz & ordonnáces, Auroiét
estez interrompuz par la malice
& circouuention des parties , &
au lieu d'abreuiation de proces, &
faire viure noz subiectz en repos
& tranquillité: Auroit esté par ces
moyens mise & donnée l'oc-

cafion de les nourrir en longueur & inuolution de proces , & en grandz fraiz & def-
pens, au trefgrand preiudice &
doumaige de nous , & de toute
la *Republique* & fubieƈz , Pour
à quoy obuyer & remedyer :

SCAVOIR faisons que
nous ayans bien veu, entendu &
consideré les causes & raisons,
qui auroyent meu nostredict feu
Seigneur & pere, de faire lesdictes ordonnances & Eedictz
attributifz de iurisdiction à nostredict grand conseil, lesquelles
ont à present autant ou plus de
lieu que pour lors que iceulx Eedictz seurent faictz & ordonnez,
desirans par mesmes raisons, &
pour le bien de noz subiectz, les
faire garder & entretenir.

Auons dict, declairé, statué &
ordonné, & de nostre certainne
science propre mouuement pleine puissance, & auctorité Royal,

disons, declairons, statuons, or-
donnons, voulons & nous plaist:
Que tous & chascuns les proces
meuz & à mouuoir, pour raison
des Archeueschez, eueschez &
abbayes. Ensemble des aultres
benefices, dont la nomination ha
nostre sainct Pere, ou autrement
la totalle prouision, collation &
presentation nous appartiét, hors
mys par droict de regalle, Ensé-
ble des Maladeries & Hospitaulx.
Et pareillement des exces, forces
& violences, commis es benefices
de nostredict Royaulme.
Et aussi des decimes. Et pour ladicte soulte de cinquante mil hó-
mes de pied en noz pays de Daul-

phiné, Bretaigne , Prouence &
Bourgoigne tant seullement.
Et semblablement des Peages &
autres impositions, leuees comme
dict est, Auec les proces meuz &
à mouuoir pour raison des contrarietez & nullitez que pourroient estre faictes par nosdictes
courtz souueraines : ou iuges en
dernier ressort, leurs circonstan-
ces & deppendances, seront iu-
gez decidez & determinez en
nostredict grand conseil. Auquel
d'iceulx & des choses susdictes
de nostre certaine science propre mouuement, pleine puissance
& auctorité royal, en auons commis & attribué , commectons &

attribuons la totalle congnoiſſance iugement & deciſion.

Voulons en oultre que les ar-
reſtz, iugements, commiſsions, &
toutes autres prouiſions eſmanees
de noſtredict grand conſeil, ſoiét
par cy apres exploictees & deuement executees, en tous & chaſ-
cuns les reſſortz & d'eſtroictz de
noz courtz ſouueraines, & autres
iuriſdictions en ceſtuy noſtredict
royaulme & terres de noſtre o-
beyſſance, pour ceulx à qui elles
ſeront addreſſantes, & à qui l'exe
cution en appartiendra. Sans pour
ceſt effect demander aucun con-
gé, placet, viſa ne pareatis.

Nonobſtant quelzconques prouiſions au contraire par cy deuant obtenues du viuant de noſtredict feu ſeigneur & pere , ou par nous depuis noſtre aduenement à la couronne concedees: leſquelles entant que beſoing ſeroit. Auons reuocquees, caſſes & adnulles, reuocquons, caſſons , & adnullons:ſans que aumoyen d'icelles noſdictes courtz ſouueraines & autres iuges en puiſſent pretendre aucune court, iuriſdiction ne congnoiſſance.

C iij

SI DONNONS en mã-
dement par cesdistes presentes à
nosdistz amez et seaulx, les gẽs de
nostredict grand conseil, que cesdictes presentes, ilz facent lire,
publier & enregistrer : & icelles
gardent & entretiennent, facent
garder & entrenir & obseruer de
poinct en poinct selon, leur forme
& teneur: cessant ou faisant cesser
tous troubles & empeschemens
au contraire.

En mandant en oultre au pre-
mier huyssier ou sergent sur ce
requis, que cesdictes presentes il
signiffie de par nous à nosdictes
courtz souueraines, iuges presi-
diaulx & autres qu'il appartien-

dra. Ad ce qu'ilz nen puissent
pretendre cause d'ingnorance;
faisant au surplus tous actes & ex-
ploictz. Pour la presentation,
insinuation, signification de cesdictes presentes, dont il sera requis, & qu'il appartiendra par
raison: Car tel est nostre plaisir.

NO NOBSTANT com-
me deſſus & quelzconques Eedictz, ordonnances, reſtrinctions,
mandemens deffences & lettres
ad ce contraires.

Et pource que de ces preſentes on pourra auoir affaire en
pluſieurs & diuers lieux.

Nous voulons que au vidimus
d'icelles deuement collationees,
Foy ſoit adiouſtee comme à ceſ-
dictes preſentes.

En teſmoing de ce nous auons
faict metctre noſtre ſeel à icelles,
Sauf en autres choſes noſtre
droict & l'autruy en toutes.

DONNE à Villiers coste-
restz , Au moys de Septembre,
L'an de grace, mil cinq cens cin-
quante deux.
Et de nostre regne le sixiesme.
Signé sur le reply.
Par le Roy ,estant en son conseil.

Ouquel le duc de Môtmoranlcy,
Connestable de France: Vous &
autres estoiét Duthier. Et scellee
sur laz de soye,de cyre verd.

Et sur ledict reply estoit escript
(Visa) vn paraphe.

Et au dessoubz, Leues ,publiees
& enregistrees ,es registres du
grand conseil du Roy.

Ouy surce le procureur general
en icelles, Ce requerant.

A Compiengne. Le troisiesme
iour d'Octobre, Mil cinq cens
cinquante deux.

Ainsi signé,

Coton.

Collation est faicte.

A noz Segnieurs du grand conseil.

VPPLIE humble-
ment Iehan Plenuion &
Pierre de Lastre , libraires demourans à Paris:
Disans que le Roy par ses lettres dE-
edict, & declaration, dönées au moys
de Septembre dernier, Leu publié &
enregistre au conseil le troiesme Iour
D'octobre aussi dernier. Auroit attribué audict conseil la cögnoissance de
plusieurs causes & matieres, dont y est
faicte mention en icelle, interdicte &
defenduë à toutes aultres cours & Iuges. Nonobstant plusieurs aultres E-
edictz cy deuät faictz, leuz publiez et

D ij

enregiſtrez es courtz de ce Royaulme, & imprimez. Le quel Eediȼt, leſ-
diȼtz ſupplians (ſil vous plaiſoit le leur
permeȼtre) feroient voluntiers imprimer à leurs frais & deſpens : Mais
doubtent que apres quilz y auront
emploiez leurs deniers, aucuns aultres
Imprimeurs, ou libraires pour les fru-
ſtrer de leur labeur, & frais quilz y
auront emploiez, l'impriment, au facent imprimer, & expoſer en vente.

Ce conſidere noz Segneurs, il vous
plaiſe permeȼtre auſdiȼtz ſupplians de
faire imprimer lediȼt Eediȼt, et icelluy
vendre & diſtribuer : Auec defenſſe
à tous Imprimeus et Libraires, de l'imprimer ou faire imprimer, ne l'expoſer

en vente, iusques à vn an, ou tel aul-
tre temps quil plaira au conseil arbi-
trer . Sur peine de tous les despens
dommages, & interestz desdictz sup-
plians : & dē confiscation de ce que
se trouueroit imprimé au contraire
desdictes defenses, & d'amende arbitraire : & vous fairez bien.

D iij

EXTRAICT DV, Priuilege.

IL est permis ausdictz sup-
plians, faire imprimer ledict Eedict, & icelluy ven
dre & distribuer. Et sont faictes in-
hibitions & deffences a tous aultres
Libraires & Imprimeurs, de non imprimer, ne vendre le dict Eedict, iuf-
ques a vn an. Sur peine de confiscation
desdictz liures & d'amēde arbitraire.
Faict audict cōseil, a Meaulx, le qua-
torsiesme iour de Nouembre, mil cinq
cens cinquante deux.

Signé,   COTON.